Felina sublimação

Mariana Artigas

cacha
lote

Felina sublimação

Mariana Artigas

A ensaística de Virginia Woolf me acompanha há pelo menos quatro anos. Recorro às suas ferramentas de pensamento sempre que se faz necessário refletir sobre linguagem e processos estéticos. Em um dos ensaios[1] escrito no ano de 1926, Virginia afirma que é preciso não somente inventar uma língua nova, "primitiva, sutil, sensual, obscena, mas também uma nova hierarquia das paixões". Para ela, é necessário que se assuma a experiência atravessada pelo corpo (e não pela mente) para escrever sob a égide dessa nova língua.

Não à toa, a presença de Virginia Woolf se dá já no segundo poema de *Felina sublimação*, segunda obra da escritora Mariana Artigas. Neste livro, recheado de referências audiovisuais e citacionalidade, encontra-se um exercício explícito do que Woolf sugeriu: a tentativa de invenção de uma língua que tensiona a hierarquia das paixões. Aqui, o desejo é sublimado. No campo da Psicanálise, compreende-se a sublimação como um destino possível da pulsão, em que suas forças, originalmente ligadas à sexualidade, desviam-se em direção a propósitos não sexuais, encontrando expressão na arte e na ciência. Esse processo atravessa os corpos-poemas do livro, como podemos observar em "Mimetizar o desconhecido":

---

1 "Sobre estar doente" faz parte da coletânea *O valor do riso e outros ensaios*, publicado pela Cosac & Naify com tradução de Leonardo Fróes. Em 2021, a editora Nós lança outra tradução de "Sobre estar doente", publicado de maneira individual. Ana Carolina Mesquita é quem assina esse trabalho tradutório.

E aceitar a natureza indomesticável
Do ato de fazer amor
Com palavras ilegíveis
Ter a liberdade de reescrever poemas

Para além da Psicanálise, o processo de sublimação também ocorre na Física e na alquimia doméstica da palavra. Há sempre um salto que dispensa o estado intermediário das coisas. O processo de sublimação ao qual os corpos-poemas de Mariana Artigas são submetidos está em contato com dinâmicas de outros corpos, felinos, muito sólidos para se desmancharem no ar, para entrarem em estado gasoso. Dessa impossibilidade, dessa nervura que se estabelece entre a fusão de corpo material e palavra escrita, resta essa "Agonia translúcida":

Compor versos com Ariel, tornar-me etérea dentro
da palavra escrita.

Felina: sublimação: essa fissura irremediável.

Aqui já se anunciam três eixos que correm por todo o livro: o corpo que é ilha, a lacuna que pede nome e a insistência em celebrar o invisível. Sendo assim, não se trata de buscar plenitude, mas de mapear ausências, de habitar o que falta e de fazer da ausência um espaço fecundo.

Dessa forma, cada poema é uma brecha por onde se infiltram vozes múltiplas: Sylvia Plath, Amy Winehouse, Clarice Lispector, John Coltrane, Patti Smith, Ariadne, Perséfone, Ana C., Marguerite Duras, Alejandra Pizarnik. Essas vozes não estão ali como ornamento ou simples referência, mas como partes vivas do organismo poético, pulsações que dialogam em camadas. Cada nome carrega um feixe de sombra e memória, mas também o gesto de reinvenção. É possível escutar nessas vozes um chamado comum: viver é uma perseguição interminável, um vômito de bola de pelos, uma geometria torta. Uma outra hierarquia das paixões.

*

Assim como a figura felina, outra que toma importância no livro de Mariana Artigas é a do espelho, destinado a um laboratório de transformações: "Numa espécie de sonâmbula metamorfose a miopia agora rege minha forma de enxergar". Dois espelhos se encaram e são "duas felinas", dois estranhos. O reflexo, aqui, não devolve identidade; devolve estranhamento, atraso, vertigem. Em contrapartida, a poeta reivindica o direito de "parir um corpo cheio de desejo" e, simultaneamente, descolar-se da própria imagem, *frame a frame*.

Essa ambivalência entre desejo e desconstrução da imagem abre caminho para uma poética da fragmentação e da reinvenção constante, que resiste às tentações do entendimento definitivo. "Teorizar o mistério na boca dos pássaros" invertendo o gesto positivista de "fazer ciência" com régua masculina para, em contrapartida, "tecer os fios-invisíveis da linguagem" à moda das mulheres. Essa inversão é um convite à escuta das vozes que foram historicamente silenciadas, um convite a ouvir o que não cabe no molde hegemônico do discurso. Uma outra hierarquia das paixões.

*

Sublimar, aqui, não é purificar nem elevar ao sublime clássico; é inscrever o desejo no corpo da linguagem sem a pretensão de redimir suas contradições.

Ao longo de *Felina sublimação*, Mariana Artigas encena um desvio deliberado do entendimento tradicional da sublimação; antes, o reinscreve numa rede espessa de referências que se sobrepõem, se cruzam, se estranham.

Tal qual felina, "toma para si vagarosamente suas sete vidas sem pensar no dia do juízo final". Ao reordenar as paixões, não busca cura nem transcendência, mas afirma a existência como "mistério, puro escárnio e água salobra". Sublimar, neste livro, é escrever desde a vertigem, desorganizar as formas instituídas de saber, e habitar uma linguagem em que o invisível tem corpo e o corpo, por sua vez, é resto e invenção. Uma outra hierarquia das paixões.

Mariana Marino

Para Luan Rocha, Jussara Salazar e Otto Leopoldo Winck.

Estas areias pesadas são linguagem.

Qual a palavra que
Todos os homens sabem?

Ana Cristina Cesar

Felina

You don't know me at all

O corpo trêmulo
Na areia da praia
Menina:

Feel so lonely

Aqui estou eu novamente:

The world is spinning round slowly

Revirando instintivamente
Os dois lados da moeda.

Aqui estou eu diante das
Minhas gavetas e
De vários exemplares perdidos
É primavera

You don't know me at all

Aqui estou eu
Tentando encontrar papel e caneta

Ou qualquer outra superfície
Na qual eu possa escrever ou investir

Num destino possível para mim
P i t o n i s a
Why don't you show me from behind the wall?
Cai a quarta parede:
Arcano maior V/Hierofante.

Felina,
Desenho um mapa topográfico
E um destino irretocável surge:
Bet you'll never get know me
Lá não existem cartas de tarô
E nem figueiras esverdeadas,
E n v e l h e c i d a s.
E é lá que Sylvia Plath
E Amy Winehouse
Perpetuam a sua linhagem
E s t ã o vivas.

Três mulheres e um
Tabuleiro de
Ouija.

Estarei lá nesse local inexistente
Onde não há nenhum som
Onde não há nenhuma música
Nenhuma banda
Onde não há nenhum diplomata
Nenhum poeta ou pintor
E nenhuma substância

Que eu possa ingerir
Onde não existe nenhum revisor
E q u i v o c a d o...
Ou ainda algum jovem
C i e n t i s t a.

2. Virginia

Virginia, num *azul desmaiado*:

Busca-me dentro de ti como palavra
Encontra-me depois como poema.

3. Olhos estrábicos

Um lírio-desmaiado derrama
A imprecisão em meus olhos-estrábicos,
O mármore febril
Captura minha íris azul-safira,
Logo minha cabeça triangular
Movimenta-se de um lado para o outro:
Com minhas patas dianteiras
Parto, estilhaço, transformo em pedacinhos
O aquário-limpíssimo
Novinho em folha que decorava a sala de estar.
Agora mesmo, eu e Pizarnik, num dueto:
Muere de muerte lejana
la que ama el viento.
Faço jus ao meu nome: Pandora,
Meus estranhos-olhos
Fixam-se no carpete-encharcado.
Penso no sabor da carne macia e nas escamas-douradas
Fitando neste momento
As guelras rosadas do peixinho-dourado
Subindo e descendo
Em excruciante agonia
Então sinto:
Amo como a morte faz-se
Inexata na boca dos peixes.

4. Agonia translúcida

Amar em teu nome o sabor da guerra.
A tônica de um segundo nome esquecido.

Compor versos com Ariel, tornar-me etérea dentro
da palavra escrita.

Felina: sublimação: essa fissura irremediável.

Em tua pele amar ideogramas impossíveis
caligramas-irretocáveis.

5. *No man is an island*

As vozes flutuantes do poema
Convidam ao anoitecer

E sopram no meu ouvido
Demoradamente o adágio:
No man is an island

Falam da completa solidão
Que é habitar a mim mesma:
Um corpo-ilha, um felino-esmaecido,

Do lugar de onde eu venho:
Cada mujer es una Isla

Amor, amor fecho os olhos:
Os versos fogem à minha loucura.

Rememoro os versos de Ana:
o mar não escolhe entre a nau
e o naufrágio

Me levando para entrar no mar na noite adentro
Se essa lua fosse minha, eu te levava, amor
Porque você sabe:
Felinas como eu e você
Simplesmente não escolhem
Entre sete ou nove vidas.

6. Fios invisíveis

Abandonar o modo com que os homens nos ensinaram a fazer ciência: Incorporar a maneira com que as mulheres tecem os fios-invisíveis da linguagem.

Cigana dissimulada:
Uma febril face-felina:
Je ne sais quoi
Oxidações, amarras e amoras
Numa bandeja prateada

Ouso dizer:
Tal qual Jane Birkin
Eu também sonho
Em preto e branco

Chamada telefônica:
You could be my silver spring
Blue-green colors flashin'
Em janeiro:
Miles Davis ao fundo
Mimese-telepática.

Uma singela mistura
De cores e músicas
Uma agonia-desvairada.
O blues-cósmico segue
Aquecendo-se debaixo
Das nossas línguas.

8. Parole

Mimetizar a palavra poética até que esta seja capaz de feri-lo.

Preconizar o amor sobre os cotovelos. Enxergar o amor
num rastro d'água.

Mimese-contemplativa: adentrar os poros da linguagem,
cegar teus lábios, reter o desejo.

Perfume volátil, *Pinot Noir*.
Madeira arqueada. Pés ardendo, poema-arenoso, retornar
ao início de tudo: sair ilesa.

10. Mapear a ausência da palavra

Teorizar o mistério na boca dos pássaros.

11. Rhiannon

A dúvida é o inacabamento das imagens mortas,
é a violência mais sincera das palavras, da sintaxe.

12. Kintsugi

Kintsugi: Remendo minha razão com aquilo que me restou. Linces inclinam-se para dentro do meu corpo. E dentro de mim, um terrível sabor de sal. Não trago nenhum ramo de artemísia no bolso. Não escrevo haicais como Bashô. Do meu ventre brota um pássaro morto, delicadamente esculpido em cerâmica.

É impossível remendar um amor com fios de ouro.

13. *Blue moon*

Convido a lua a deitar-se comigo.
Convido a lua a adormecer em meu travesseiro.

14. *Blue In Green*

Com meus poros e minhas quatro patas: apagar os rastros do poema
e ser todo santo dia engolida pela música de Coltrane.

15. A escrita adentrando o ar

O que te escrevo mora na fatalidade das sílabas.

16. Fonemas

Guardo teu nome composto como um delírio perdido nos rincões da memória, os fonemas que compõem teu segundo nome permanecem em mim, me perseguem como um rastro irretocável do esquecimento.

Ler o poema que você me escreveu na pandemia é como *ouvi-lo com os olhos; ouvi-lo é vê-lo com os ouvidos*.

17. A tristeza escreve-se por si mesma

Haverá um dia em que a memória será apenas retalho,
a tristeza que mora em mim escreve-se por si mesma.

18. Um segredo

Tome para si um segredo: estes versos de linhas econômicas moram na urgência dos gestos e na fugacidade das conjunções adversativas.

19. Diálogos

À luz do que se pode chamar de uma curiosidade sem assombro e sem vísceras, o meu duplo chorou no ventre materno e agora recolhe-se em mim ao mínimo som do silêncio.

Antes de voltar a adormecer, imaginei (vi) um universo plástico, mutante cheio de maravilhosos acasos, um céu elástico, um sol que desvanece, ou fica imóvel, ou muda de forma.

20. Espelho d'água

Espelho d'água: cálido-mistério
quero parir um corpo
cheio de desejo,
aos poucos vou me desvencilhando
do meu reflexo, da minha imagem.
um frame por segundo,
Hamlet na tela.

O instante-já se faz presente
é como uma genuína oxidação.

Finalmente, meus olhos
amanhecem.
/Laurence Olivier/

Elena, se a vida é simples do que é
que eu tenho medo?
neste momento sou como Ofélia
mergulhada nas flores de Monet,
permaneço pálida e estática.

Estou submersa no meu próprio
vazio,
E se parece mais com um crime
A simples pronúncia

Da palavra submersa.
Estou sim, submersa.

Danço descalça à beira da praia
uma agonia diabólica, felicidade
clandestina, Clarice
É o sentimento que se esconde
aqui e agora.

Rosas, lírios e narcisos flutuando
um doce-amargo, água-viva
caixa torácica se movimentando
E Patti Smith segue ao fundo.

Nuances esverdeadas tomam conta
do meu corpo.
I'm dancing barefoot
Heading for a spin
tons arroxeados dominam os meus
poros,

Assim como em García Márquez
as borboletas amarelas me cercam,
ensinam-me a sentir aquilo que não pode ser compreendido.
Aprendo o tato de estar apaixonada
Então vejo Narciso,
Próximo a um espelho d'água...

O início da manhã segue feroz
Some strange music draws me in
Makes me come on like some heroine
Fitando a luz solar tremular na água
desfaleço,

E como uma ave que rejeita o voo
Queimo em meu próprio mistério.

21. Aforismo

Aforismo: às vezes nada carece de um título, de um nome, de um verso

Quero pôr em palavras o título de um poema. Cuja existência ainda
[é desconhecida.
Tudo é inundado de sonho.

Escrevo-te como exercício de esboços antes de pintar.

A pintura me transborda: Sim, faça do meu corpo o seu ateliê.
Assim como as fadas, os ossos também habitam vapores-etéreos
[e sonhos empoeirados.

22. Noite

É fato: calcinhas molhadas já não me servem de mais nada.

23. Lacuna e maresia

É fato, a plenitude em ser mulher já não se sente.
Ser mulher é uma lacuna, é fragmentário, inanição,
É um delírio persecutório, alegria que reside na: [ ]

(periferia daquilo que se pode chamar de espírito)

24. Emudecida

Seus olhos a sonhar dentro de mim
Rejeitam minha imagem, minha sina
E caem por terra
Meus poemas ladram
Para estranhos
Transformam-se
Em uma extensão do seu corpo
Permaneço emudecida
Meu nome é um símbolo-etéreo
Lua em Peixes, Ascendente em Câncer.
Você sabe, gosto de personagens sem nome,
Gosto de poemas sem face:
Sempre preferi o seu segundo nome.
Gosto de amores-platônicos,
E de versos sem métrica nem rima.

25. Linguagem geométrica

Linguagem, bola de pelos. Vômito de felina, perseguição interminável:
[vapor surrealista.
Saga e sina de mulher ávida pela vida.

26. *Naturaleza*

Meu poema é como uma cadela, segue sempre sem dono. Meu poema é indomável, ladra e por vezes imita a sua própria *naturaleza*, pois sempre começa e acaba em si mesmo. Octavio Paz dizia que, no poema, a primeira frase integra a última, e a última chama a primeira.

27. Quero fazer com você o que a primavera faz com as cerejeiras

Começo este com uma prece para aniquilar de uma vez por todas o meu vazio, resgata-me Pizarnik, resgata-me agora. Você decora aqueles dois versos do poema 14 de Pablo Neruda: sim aqueles tatuados entre as minhas covinhas de vênus. Ao lado da cama? Aquela Playboy da Alessandra Negrini, perto do travesseiro, perto do coração: Rio de Janeiro, 1999. A música? "Summertime" e a voz de Janis Joplin ecoando pelo apartamento. Biquíni cortininha azul piscina. A praia? Arraial do Cabo. Leio Dobra: Assírio & Alvim, lágrimas escorrem por entre as minhas pernas. É finalzinho do ano e choro a morte de Adília.

28. Macondo

eu sei que daqui a uns dez anos
nós nos encontraremos
não, nós não falaremos o mesmo
idioma.
descobriremos enfim que
nosso tato terá sido sempre um fiel
inimigo da razão
apenas faremos amor como quem jura
que macondo nunca há de ter sido uma
terra fictícia,
como quem afirma que a violência da
linguagem
nunca nos abandonou.

29. Ficções

Adoro como homens escrevem e espalham ficções sobre mim.

30. Previsão

Sou uma mulher feita de água e de futuro.

31. Impossível neutralidade

Não há neutralidade possível na semântica da poeta.
Tenho para mim que o vazio e o poema não são neutros nem nunca serão.

32. Outro segredo

Começo este com outro segredo: não queria usufruir da minha consciência:

E meu bem, quando o sentimento é maior do que posso suportar, rajadas coloridas me invadem, arrebatando-me como num desmaio. E não, nenhuma cor é apenas o que parece ser, nem mesmo estes gatunos-poemas.

33. Sonâmbula metamorfose

Numa espécie de sonâmbula metamorfose a miopia agora rege minha forma de enxergar e reimaginar o mundo, hoje tenho dois espelhos tatuados diante dos meus olhos, e somos como dois seres metamorfos: somos dois estranhos, duas felinas, um e outro espelho mirando-se agora e para sempre.

34. Livraria

Quero ser a única que te cavalga com a escrita.

35. Triangulação

Quero olhar nos olhos da hesitação,
Mas antes de tudo ______________:

(eu hesito porque sinto este duplo pensar em mim)

36. Mulher-embotada

Escolho embotar meus sentimentos, viver confinada em mim mesma, quero sim a morte da neutralidade. E não me afeto com o espelhamento do mundo ao meu redor. Busco encantar a palavra. Descubro-me inexistente. Sufocada. Ávida, abro-me finalmente para o vazio.

37. Bentinho

O amor é náusea.

38.Verão-oceânico

Lânguidos oceanos em brasa a me despir os seios.

39. Dois mil e vinte e um

Mês de novembro, e o ano?
— Dois mil e vinte e um,
Sua psique me orbitando e me esvaziando:
Because I was born to be the other woman
Raios e relâmpagos, sinapses, sinestesia:
Who belonged to no one, who belonged to everyone
Tudo ao mesmo tempo, um deus nos acuda.
O resultado?
— Uma angústia azul-celeste.

40. *Invitation To The Blues*

São vermelhas as nervuras de um crime nunca revelado, são azuis os olhos da felina.

41. Solstício fotográfico

Seu nome recobre
A minha pele como um sol,   um sol   violento

Eros is an issue of boundaries

Leio diários de Susan Sontag:
Aproxima seu verso   solitário

Da minha cama

vamos alugar um *Airbnb*
e dormir tranquilos
vamos esquecer a cara de todos

Procuro conchas na sua respiração [...]
E você escreve um jazz furioso entre as minhas coxas

Paradis club, final de ano
fogo com maresia

Um solstício-fotográfico
É sempre bem-vindo

Escrevo um poema sobre o gin de ameixa
Que tomamos em setembro

Por debaixo da nossa pele
Eu mergulho no abismo

Quero imprimir na sua pele um rastro imagético
Fotografia nunca revelada

observo seus olhos minutos antes
da chuva começar

Eu gosto dos nossos diálogos
Com cheiro de tangerina

acho que sou uma anti-heroína descrita
por Sylvia Plath

Li a redoma de vidro
mais vezes do que posso recordar

seu nome recobre
a minha pele como fogo, um fogo intocável.

lamento meu bem [...]

é impossível catalogar um sonho.

é impossível transformar a pele num mapa.

42. Olhos gatunos

Meus olhos gatunos derramam em você a mais singela agonia, enfeitiçada sigo te fitando com este meu rosto de treva e te digo que as quatro estações ardem mais do que nunca. Talvez seja tarde demais para ler Nabokov. Na minha pele ardem poemas em preto e branco, [...] e as ficções seguem estáticas enchendo-se de água pela boca.

43. Efeito calmante

— Sente o cheiro de camomila nos meus olhos, quero desfalecer nos seus braços.

44. Écrire

Para Marguerite Duras:

Escrever um bom poema é como morrer.

45. Mulher-felina

Lenta escrita, tigres-concêntricos
caleidoscópio-imagético
Mulher-felina
À sombra de si, como pó
E como lamento
minha caligrafia molda
Um poema forjado em fogo
Inflamado em mistério
esculpido em delírio
e decomposto em música.
Amor, convém amar
este leão em fúria?
Me diz: é útil a poesia?

Seu corpo, um mergulho
No oceano pacífico
um refúgio:

ao som da chuva.

46. Manifesto

A indocilidade da linguagem beija-me de súbito.

47. Maquinário-místico

O peso das palavras adormecidas
Cega meus instintos.
Sigo assim, sem filho no ventre
Imersa em um mar longínquo.
O redemoinho da linguagem
Escorre pelas minhas patas.
Mas ainda creio preferir
A violência das espumas.
Sigo revelando
Aos quatro cantos
Que meu útero
É austero, espartano.
Território sombrio
E maquinário-místico
De caminhos-mortos
De onde brotam pássaros e peixes.

48. Enigma

Há palavra que não exista?
Quero desdizer a morte para acabar com a vida.

49. Apenas laranjas e romãs

Devoro laranjas e romãs lentamente, lentamente:
Como quem espera intervenção divina.
Meus lábios faíscam enternecidos.
A beleza dela é inofensiva, a beleza de Ariadne.
Respiro bolhas de sabão, encontro meu retrato
Disposto em filamentos de gelo e fogo.
— Ah, doce-amarga primavera de Perséfone.
E como se eu amasse a sua queda,
Perdoo a sua angústia com a minha ausência.
Minhas costas arqueadas de felina
Despertam a sua curiosidade mais transparente
Amor, amor, pouco me interessa o fetiche furtivo
Das imagens mortas e das doenças-esquecidas.

50. Não nomear o poema com o desejo

Quando dei por mim o fogo havia-me transformado em oásis.

51. Filme noir

Crepuscular amanheço num deserto de sonhos.

52. Você diz:

— Gatificada adormeço num ímpeto de bolhas de sabão.

53. Avalovara:

A noite dormita em uma pétala de presságio.

54. Oxidando feito prata

Noite apenas: orifício côncavo, o caos mora numa revoada infeliz.
Sob o negro pelo da felina:

Nove buquês de flores florescem e consagram a escuridão.
Aqui jaz: o siamês-encanto da gata. Sinto os vermes carcomendo o meu corpo:
E vou oxidando, assim feito prata.

55. Estarrecer

Estarrecer, vigiar espumas-navegantes: morrer na encruzilhada do desejo.

56. Mimetizar o desconhecido

Procurar o mistério infernal
Em mim mesma
Mimetizar o desconhecido
E aceitar a natureza indomesticável
Do ato de fazer amor
Com palavras ilegíveis
Ter a liberdade de reescrever poemas
Engolir a terra virgem
Que circunda meus lábios
E por fim decretar
Que o poema mora na presença
Inviolável do ritmo.

57. Surda impermanência

Um redemoinho de dialetos impossíveis escorre pelas minhas patas
Deixando-me surda e abismada.

Cheiro de chá; os ventos da impermanência aqui, furiosamente construindo
linguagem e soprando-me uma recapitulação onírica e inventiva:

As palavras entram pelo ouvido, aparecem ante os olhos, desaparecem na contemplação.
Toda leitura de um poema tende a provocar o silêncio.

58. Confissão

Sylvia, confesso: amedronta-me a ideia de desabar de uma vez por todas em cima dos figos apodrecidos.

59. Sândalo e maçãs

Seu hálito: memória-disruptiva.

60. Puro escárnio e água salobra

Tal qual felina, a poeta toma para si vagarosamente suas sete vidas sem pensar no dia do juízo final. Existir é sim: mistério, puro escárnio e água salobra.

61. Apiário amarelo

Sinto inveja do sol que lambe seu corpo
Seu corpo esparramado na cama,
A luz da persiana rasga seu corpo
Assim como o frenesi de uma caneta
Rasgando um pedaço de papel,
Favas douradas adentro:
Calcinha molhada.
Doce apiário amarelo,
Caixa de abelhas:
Inundada de anseios
E desejos de morte.

62. Como sou ordinária

Lanço-me ao sabor espesso do enigma da esfinge:
Amo-te e confesso: construo moinhos em vez de poemas.

63. *Jazz*

Lamber o sabor da dúvida que paira entre duas mulheres.

64. Almíscar

Para Luan Rocha:

Sândalo e almíscar: aroma de amor recém-nascido.

65. Ofélia

Do meu corpo-feminino: restam apenas as flores a boiar na superfície
amargurada onde descansa a minha razão.

Ondas de fascinação tomam meu corpo, estou despida,
vou sumindo em meu vestido transparente: espumas límpidas e flutuantes.

Útero-empedrado: corpo em estado de putrefação.
De mansinho: *Ressoa o mar nos vãos silenciosos da noite*.

66. Veredicto final

Habitava o ar uma beleza sem sal, moscas zunindo no ar. Esvaziava-me uma tristeza dulcíssima. Eis o veredicto final: não morreu felina, morreu mulher.

Morreu pensando a poesia.

EDIÇÃO André Balbo
CAPA Luísa Machado
REVISÃO Marcela Roldão
DIAGRAMAÇÃO Leopoldo Cavalcante

DIRETOR EXECUTIVO Leopoldo Cavalcante
DIRETOR EDITORIAL André Balbo
DIRETORA DE ARTE Luísa Machado
DIRETORA DE COMUNICAÇÃO Marcela Monteiro

GRUPO ABOIO

ABOIO EDITORA LTDA
São Paulo — SP
www.aboio.com.br/

Grafia atualizada segundo o Acordo Ortográfico da Língua Portuguesa de 1990, que entrou em vigor no Brasil em 2009.

Dados Internacionais de Catalogação na Publicação (CIP)
Bruna Heller — Bibliotecária — CRB10/2348

A791f

Artigas, Mariana.
Felina sublimação / Mariana Artigas. – São Paulo, SP: Cachalote, 2025.

89 p., [7 p.] ; 16 × 19 cm.

ISBN 978-65-83003-96-6

1. Literatura brasileira. 2. Poesia. 3. Poemas. I. Título.

CDU 869.0(81)-1

Índice para catálogo sistemático:
1. Literatura em português 869.0.
2. Brasil (81).
3. Gênero literário: poesia -1

Esta primeira edição foi composta em
Martina Plantijn sobre papel Pólen Bold
70 g/m² e impressa em outubro de 2025
pelas Gráficas Loyola (SP).

FSC
MISTO
Papel | Apoiando o manejo florestal responsável
FSC® C008008

A marca FSC® é a garantia de que a madeira utilizada na fabricação do papel deste livro provém de florestas que foram gerenciadas de maneira ambientalmente correta, socialmente justa e economicamente viável, além de outras fontes de origem controlada.